Impressum
Verlag: BABADADA GmbH, Nedderfeld 112 , 22529 Hamburg
Geschäftsführer / Verlagsleitung: Harald Hof
Druck: Books on Demand GmbH, In de Tarpen 42, 22848 Norderstedt

Imprint
Publisher: BABADADA GmbH, Nedderfeld 112 , 22529 Hamburg, Germany
Managing Director / Publishing direction: Harald Hof
Print: Books on Demand GmbH, In de Tarpen 42, 22848 Norderstedt

colegio

duɗal

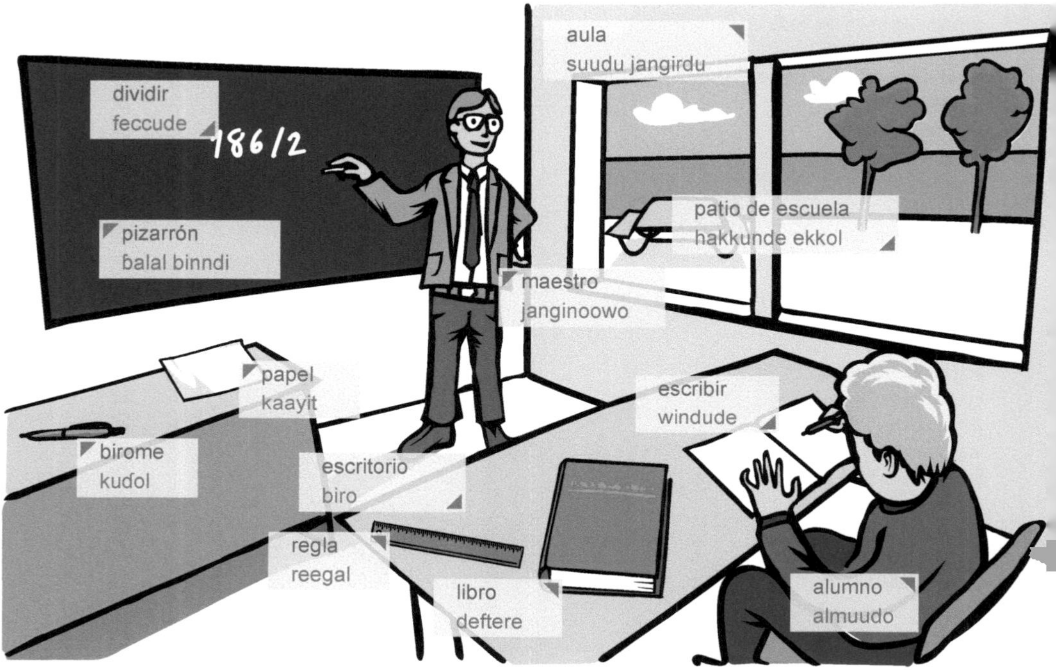

aula
suudu jangirdu
dividir
feccude
186/2
pizarrón
ɓalal binndi
patio de escuela
hakkunde ekkol
maestro
janginoowo
papel
kaayit
escribir
windude
birome
kuɗol
escritorio
biro
regla
reegal
libro
deftere
alumno
almuudo

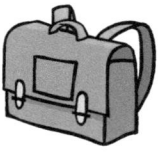

mochila

kartaabal

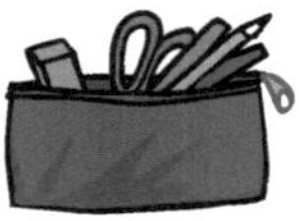

caja de lápices

moftirdo kereyonji

lápiz

kereyo

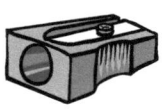

sacapuntas

ceeɓnirgel kereyon

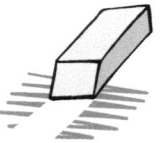

goma (de borrar)

momtirgel

bloc de dibujo

alluwal ciifirgal

dibujo	pincel	caja de pinturas
ciifgol	limsere pentirteeɗo	suwo pentirɗo

tijera	pegamento	cuaderno de ejercicios
sisooji	ɗakkorgal	deftere ekkorgal

tarea	número	sumar
golle janŋde	niimara	beydude
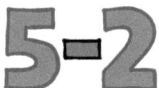		
restar	multiplicar	calcular
ustude	beydude keeweendi	qimaade

letra	abecedario	palabra
bataake	karfeeje	kongol

texto

bindol

leer

jangude

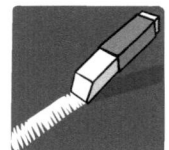

tiza

bindirgal

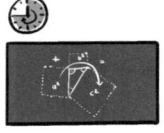

lección

darsu

cuaderno de clase

winditaade

examen

egsame

certificado

sartifika

uniforme escolar

comcol duɗal

educación

janŋde

enciclopedia

ansikolopedi

universidad

duɗal jaaɓi haɗtirde

microscopio

mikoroskop

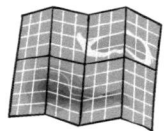

mapa

kartal

tacho (de basura)

suwo kurjut

viaje
ɗannagol

hotel
otel
Grand
hostel
obers
ROOMS
casa de cambio
nokku beccugol e neldugol
€CHANGE
valija
waxannde
auto
oto

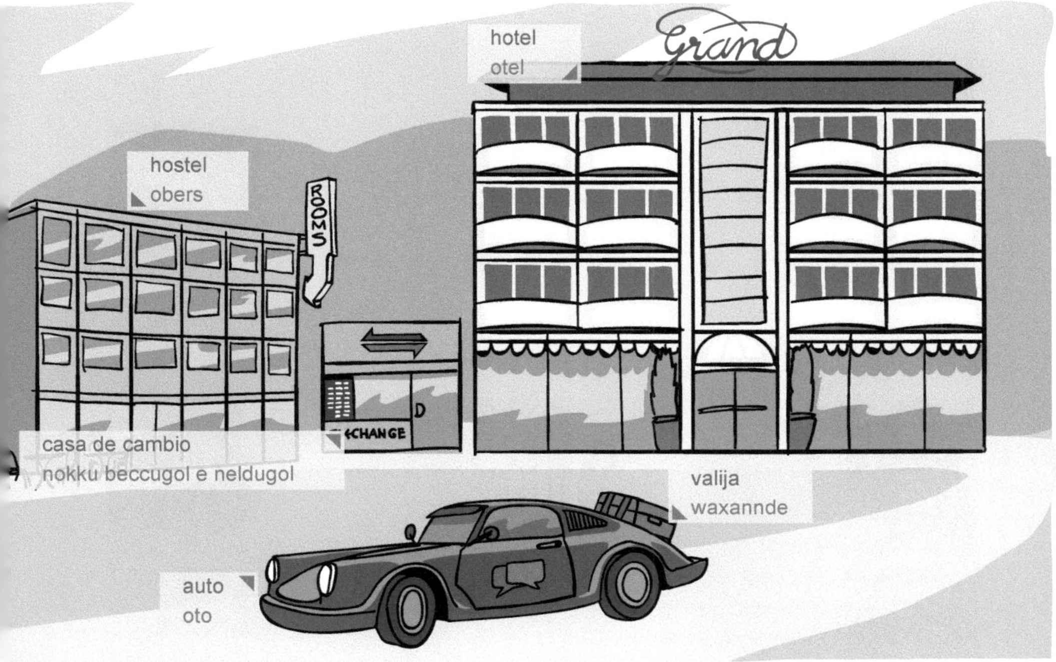

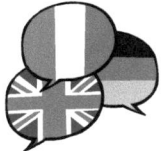

idioma

ɗemngal

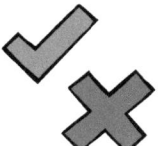

sí / no

Eey / ala

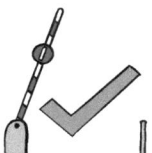

Está bien

Moÿÿi

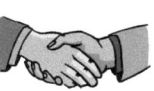

hola

mbaɗɗa

traductor

pirtoowo

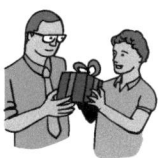

Gracias

A jaraama

¿cuánto cuesta...?

no foti...?

No entiendo

Mi faamaani

problema

hanmi

¡Buenas tardes!

Jam hiri!

¡Buenos días!

Jam waali!

¡Buenas noches!

Mbaalen e jam!

adiós

ñande woɗnde

dirección

laawol

equipaje

bagaas

bolso

saawdu

mochila

saawdu wambateendu

invitado

koɗo

habitación

suudu

bolsa de dormir

njegenaaw

carpa

caalel ladde

información turística

kabaruuji tuurist

playa

tufnde

tarjeta de crédito

kartal banke

desayuno

kacitaari

almuerzo

bottaari

cena

hiraande

pasaje

biye

ascensor

suutde

sello

tampon

frontera

keerol

aduana

duwaan

embajada

ambasad

visa

wiisa

pasaporte

paaspoor

transporte
taraspoor

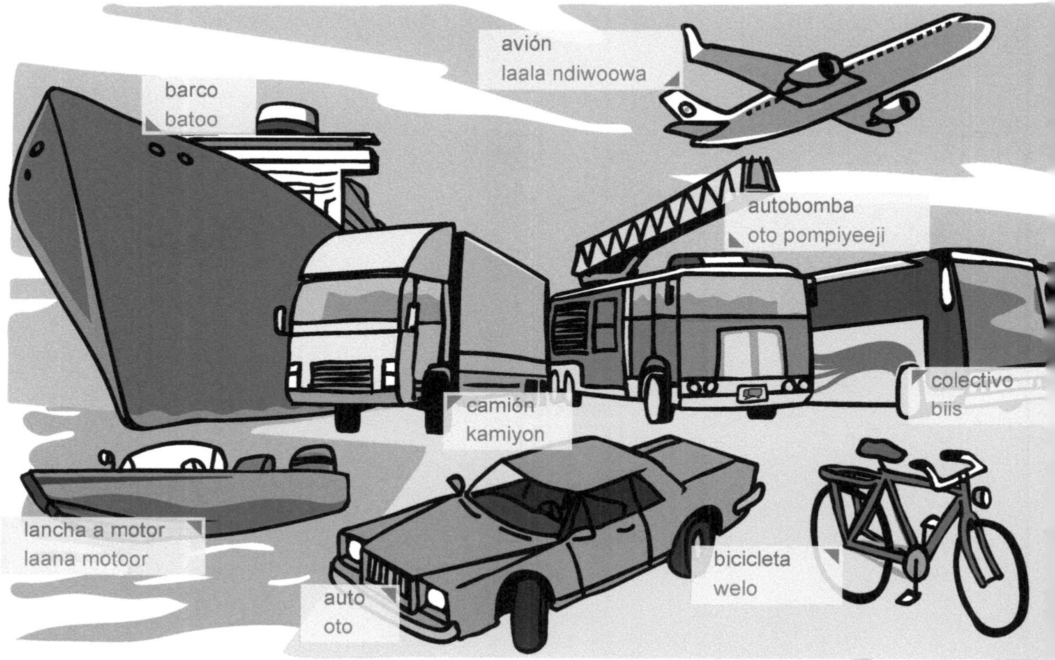
avión
laala ndiwoowa
barco
batoo
autobomba
oto pompiyeeji
colectivo
biis
camión
kamiyon
lancha a motor
laana motoor
bicicleta
welo
auto
oto

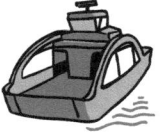

ferry

batoo

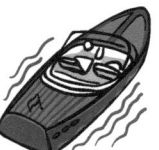

bote

laana

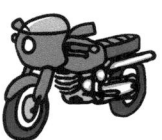

moto

welo

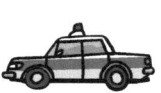

patrullero

oto polis

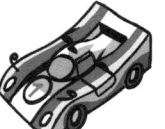

auto de carreras

oto dogirteeɗo

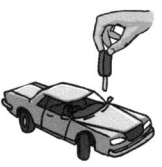

auto de alquiler

oto luwateeɗo

alquiler de autos

dendugol oto

grúa

oto dandoowo goɗɗo

camión de basura

oto kurjut

motor

motoor

nafta

karbiran

estación de servicio

nokku esaans

señal de tránsito

tintinooje yaangarta

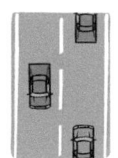

tránsito

yaa ngarta

embotellamiento

jiiɓo yaa ngarta

estacionamiento

dingiral otooji

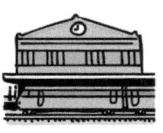

estación de tren

dingiral laana leydi

vías

laabi

tren

laana leydi

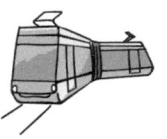

tranvía

laana ndegoowa

vagón

saret

helicóptero

elikopteer

aeropuerto

ayrepoor

torre

tuur

pasajero

wonɓe e laana

contenedor

konteneer

caja de cartón

karton

carretilla

duñirgel kaake

canasta

basket

despegar / aterrizar

diwde / juuraade

ciudad

wuro mowngu

pueblo

wuro

centro de ciudad

hakkunde wuru wowngo

casa

galle

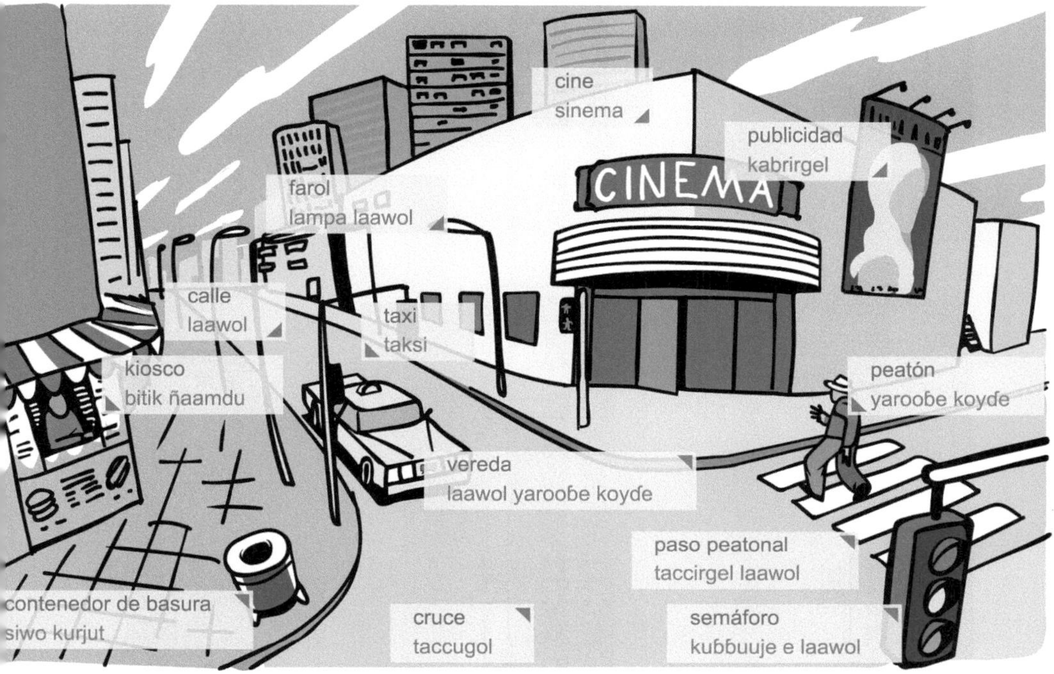

cine
sinema

publicidad
kabrirgel

farol
lampa laawol

calle
laawol

taxi
taksi

kiosco
bitik ñaamdu

peatón
yaroobe koyɗe

vereda
laawol yaroobe koyɗe

paso peatonal
taccirgel laawol

contenedor de basura
siwo kurjut

cruce
taccugol

semáforo
kubɓuuje e laawol

cabaña

tiba

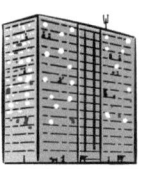

departamento

ko foti

estación de tren

dingiral laana leydi

municipalidad

meeri

museo

miise

colegio

duɗal

ciudad - wuro mowngu

universidad

duɗal jaabi haɗtirde

banco

banke

hospital

suudu safirdu

hotel

otel

farmacia

farmasi

oficina

gollirgal

librería

suudu defte

negocio

bitik

florería

jeyoowo fuloraaji

supermercado

sipermarse

mercado

jeere

grandes tiendas

madase mawɗo

pescadería

jeyoowo liɗɗi

centro comercial

nokku coodateeɗo

puerto

poor

parque
park

banco
jooɗorgal

puente
taccirgal

escaleras
ŋabbirɗe

subte
laawol metero

túnel
laawul les leydi

parada del colectivo
fongo biis

bar
baar

restaurante
restora

buzón
buwaat postaal

letrero
lewñowel laawol

parquímetro
to otooji ndaroto

zoológico
nokku kullon

pileta
pisin

mezquita
jama

granja

ngesa

contaminación

gakkingol hendu

cementerio

bammule

iglesia

egiliis

juegos infantiles

dingiral

templo

tampl

paisaje
yiyande taariinde

hoja
baramlefol

poste indicador
tugayal tintinirgal

camino
laawol

pradera
Huɗo sukkuko

piedra
haayre

árbol
lekki

excursionista
ŋayloowo

río
maayo

hierba
huɗo

flor
fuloor

valle
nokku kaañe mawɗe to ndiyam dogata

montaña
waande

lago
weedu

bosque
ladde

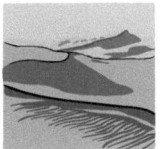

desierto
ladde yoornde

volcán
wolkan

castillo
satoo

arco iris
timtimol

champiñón
sampiñon

palmera
leki palm

mosquito
ɓowngu

mosca
diwde

hormiga
njabala

abeja
mbuubu ñaak

araña
njabala

escarabajo

hoowoyre keppoore

rana

faabru

ardilla

doomburu ladde

erizo

sammunde

liebre

fowru

lechuza

pubbuɓal

pájaro

colel

cisne

kakeleewal ladde

jabalí

mbabba tugal

ciervo

lella

alce

Nagge nde gallaɗi cate

presa

baraas

aerogenerador

masiŋel battowel hendu
jeynge

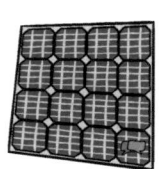

panel solar

Lowowel nguleeki

clima

kilima

restaurante
restora

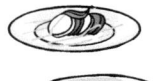

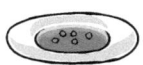

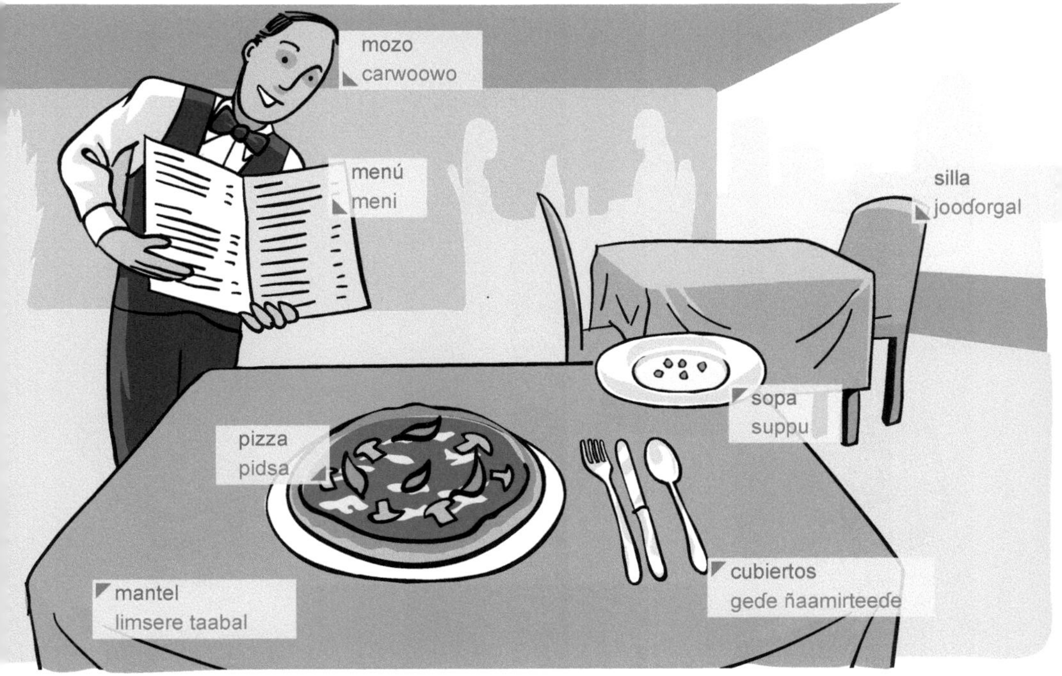
mozo
carwoowo
menú
meni
silla
jooɗorgal
sopa
suppu
pizza
pidsa
cubiertos
geɗe ñaamirteeɗe
mantel
limsere taabal

entrada
tongitirgel

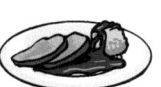

plato principal
ñaamdu nguraandi

postre
tuftorogol

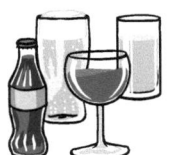

bebidas
njaram

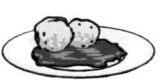

comida
ñaamdu

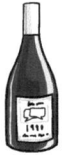

botella
butel

comida rápida

fast fud

comida callejera

ñaamdu laawol

tetera

baraade

azucarera

cupayel suukara

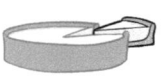

porción

geɗel

cafetera expreso

Masinŋ kafe

sillita alta

jooɗorgal toowngal

cuenta

biye

bandeja

ñorgo

cuchillo

paaka

tenedor

furset

cuchara

kuddu

cucharita

nokkere kuddu

servilleta

sarbet

vaso

weer

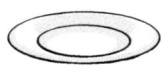

plato
palaat

plato hondo
palaat suppu

plato
cupayel

salsa
soos

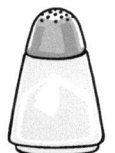

salero
pot lamđam

molinillo de pimienta
moññirgal poobar

vinagre
bineegara

aceite
nebam

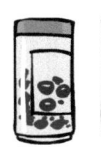

especias
kaađnooje

kétchup
ketsap

mostaza
muttard

mayonesa
mayonees

supermercado
sipermarse

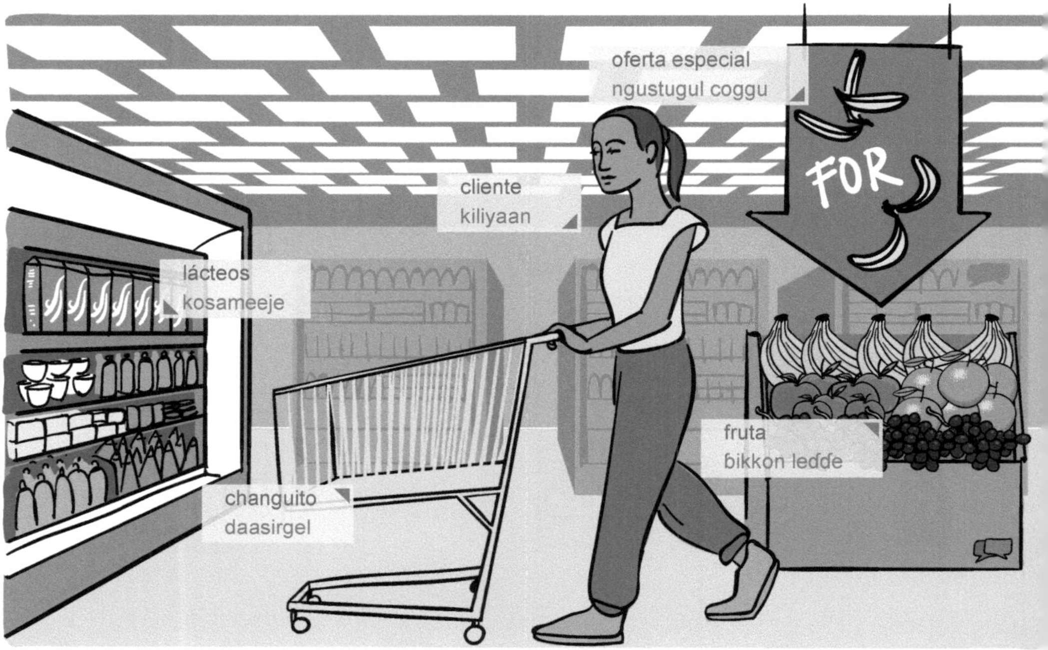
oferta especial
ngustugul coggu
FOR
cliente
kiliyaan
lácteos
kosameeje
fruta
ɓikkon leɗɗe
changuito
daasirgel

BUTCHERS

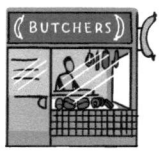

carnicería

jeyoowo teew nagge

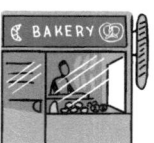

BAKERY

panadería

juɗoowo mburu

pesar

ɓetde

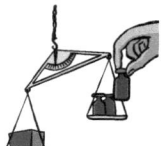

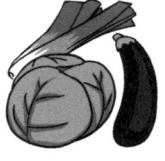

verduras

lijim

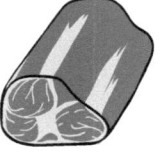

carne

teew

alimentos congelados

ñaamdu ɓumnaandu

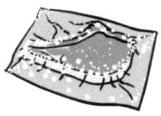

fiambres

teew moftaaɗo

alimentos enlatados

ñaamdu nder buwat

detergente en polvo

condi lawyírteendu

golosinas

bonboonji

electrodomésticos

geɗe ngurdaaɗe

productos de limpieza

porodiwiiji laaɓnirni

vendedora

julaaajo

caja

haa

cajero

kestotooɗo

lista de compras

limto coodateeɗi

horario de atención

waktuuji golle

billetera

kalbe

tarjeta de crédito

kartal banke

cartera

saak

bolsa de plástico

saak dalli

agua

ndiyam

jugo

njaram

leche

kosam

bebida cola

yũlmere

vino

sangara

cerveza

sangara

alcohol

sangara

cacao

kakao

té

ataaya

café

kafe

café expreso

kafe jon jooni

cappuccino

kafe italinaabe

banana
banaana

manzana
pom

naranja
oraas

melón
dende

limón
limonŋ

zanahoria
karot

ajo
laay

bambú
lekki bambu

cebolla
basalle

champiñón
sampiñon

nueces
gerte

fideos
espageti

tallarines

espageti

arroz

maaro

ensalada

salaat

papas fritas

firit

papas fritas

faatat cahaaɗo

pizza

pidsa

hamburguesa

amburgeer

sándwich

sandiwis

churrasco

buhal baddangal e lijim

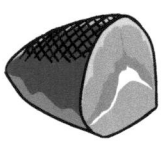

jamón

buhal teew

salame

kaane biyeteeɗo sosison

salchicha

sosis

pollo

gertogal

asado

defaɗum

pescado

liingu

copos de avena

ndefu gabbe kuwakeer

muesli

njilɓundi aɓuwaan e gabbe godɗe

copos de maíz

kornfelek

harina

farin

medialuna

kurwasa

pancito

pe o le

pan

mburu

tostada

mburu juɗaaɗo

galletitas

mbiskit

manteca

nebam boor

cuajada

kosam kaadɗam

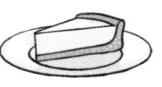

torta

gato

huevo

ɓoccoonde

huevo frito

moccoonde fasnaande

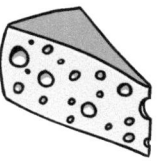

queso

foromaas

helado

kerem galaas

azúcar

suukara

miel

njuumri

mermelada

teew nagge

pasta de chocolate

nirkugol sokkola

curry

suppu kaane

granja

ngesa

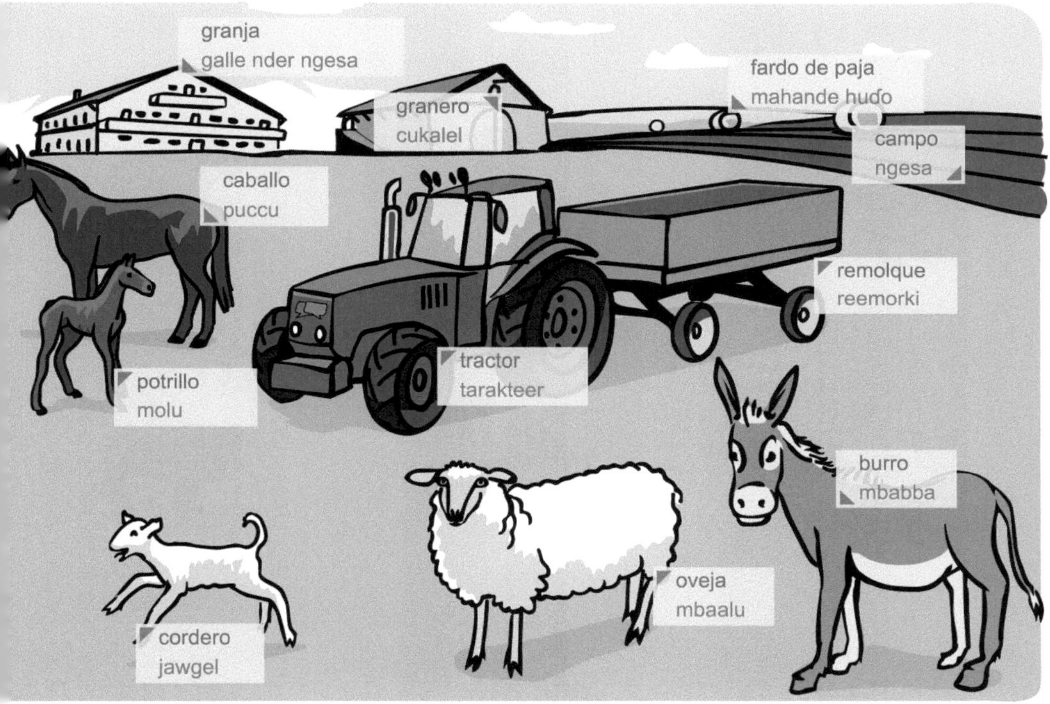

granja
galle nder ngesa
granero
cukalel
fardo de paja
mahande huɗo
campo
ngesa
caballo
puccu
remolque
reemorki
tractor
tarakteer
potrillo
molu
burro
mbabba
oveja
mbaalu
cordero
jawgel

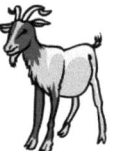

cabra

ndamdi

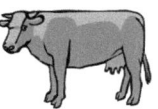

vaca

nagge

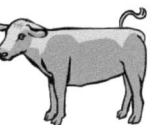

ternero

mbeewa

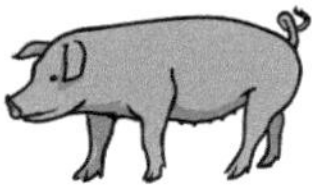

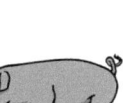

cerdo

mbabba tugal

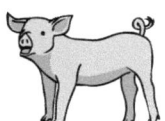

lechón

ɓingel mbabba tugal

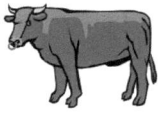

toro

ngaari ladde

ganso

jarlal ladde

pato

gerlal

pollo

cofel

gallina

jarlal

gallo

ngori

rata

doomburu

gato

ullundu

ratón

doomburu

buey

nagge

perro

rawaandu

cucha

nokku dawaaɗi

manguera

tiwo sardin

regadera

doosirgal

guadaña

wofdu mawndu

arado

masinŋ demoowo

hoz

wofdu

azada

coppirgal

horquilla

rato

hacha

hakkunde

carretilla

buruwet

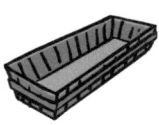

abrevadero

mbalka

lechera

kosam buwat

bolsa

saak

reja

kalasal galle

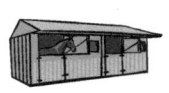

establo

nokku pucci

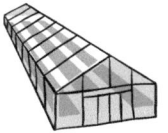

invernadero

inexistant

suelo

leydi

semilla

abbere

fertilizador

nguurtinooje leydi

cosechadora

masinŋ coñirteeɗo

granja - ngesa

cosechar

soñde

cosecha

soñde

batatas

ñambi

trigo

bele

soja

soja

papa

faatat

maíz

maka

semilla de colza

abbere lekki kolsa

árbol frutal

lekki firwiiji

mandioca

ñambi

cereales

sereyaal

casa
galle

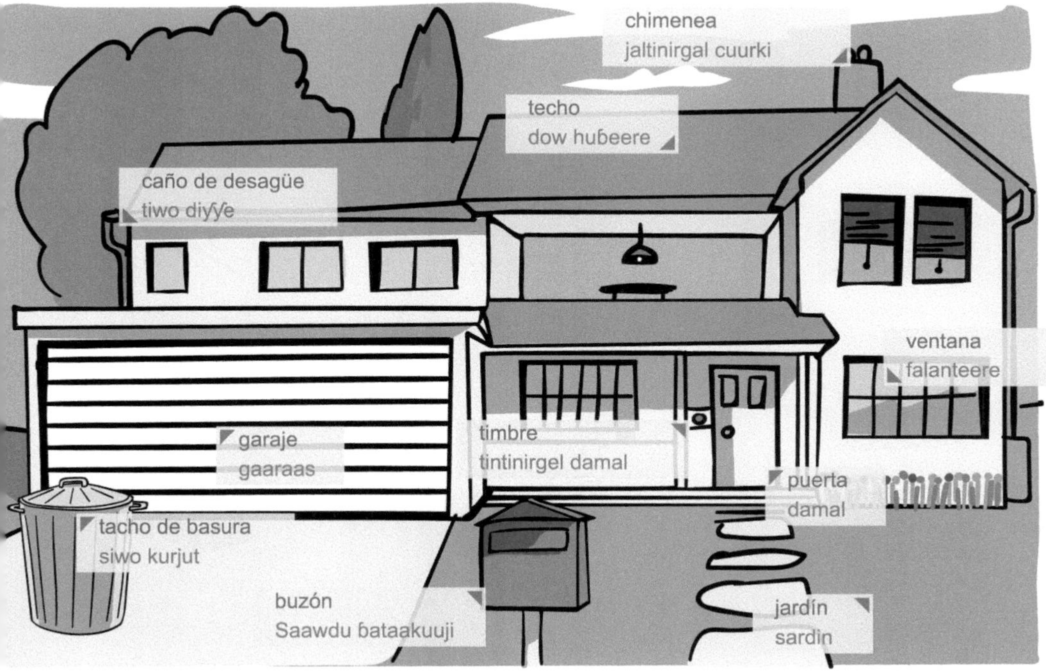
chimenea
jaltinirgal cuurki
techo
dow huɓeere
caño de desagüe
tiwo diyƴe
ventana
falanteere
garaje
gaaraas
timbre
tintinirgel damal
puerta
damal
tacho de basura
siwo kurjut
buzón
Saawdu ɓataakuuji
jardín
sardin

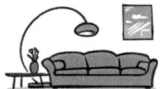

living

suudu yeewtere

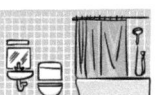

baño

tarodde

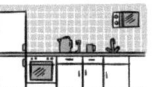

cocina

waañ

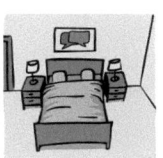

dormitorio

suudu waalduru

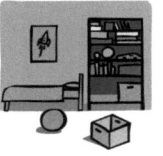

cuarto de los chicos

suudu sakaaɓe

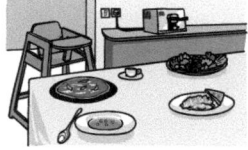

comedor

suudu hiraande

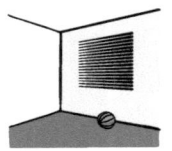

piso

karawal

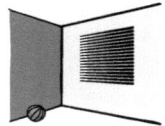

pared

balal

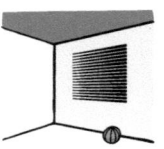

cielorraso

asamaan suudu

sótano

faawru

sauna

soona e demngal farase

balcón

balko

terraza

teeraas

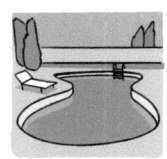

pileta

pisin

cortadora de pasto

keefoowo hudo

sábana

darap

acolchado

darap

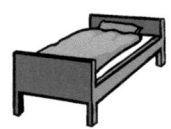

cama

leeso

escoba

pittirgal

balde

suwo

interruptor

ñifirgel

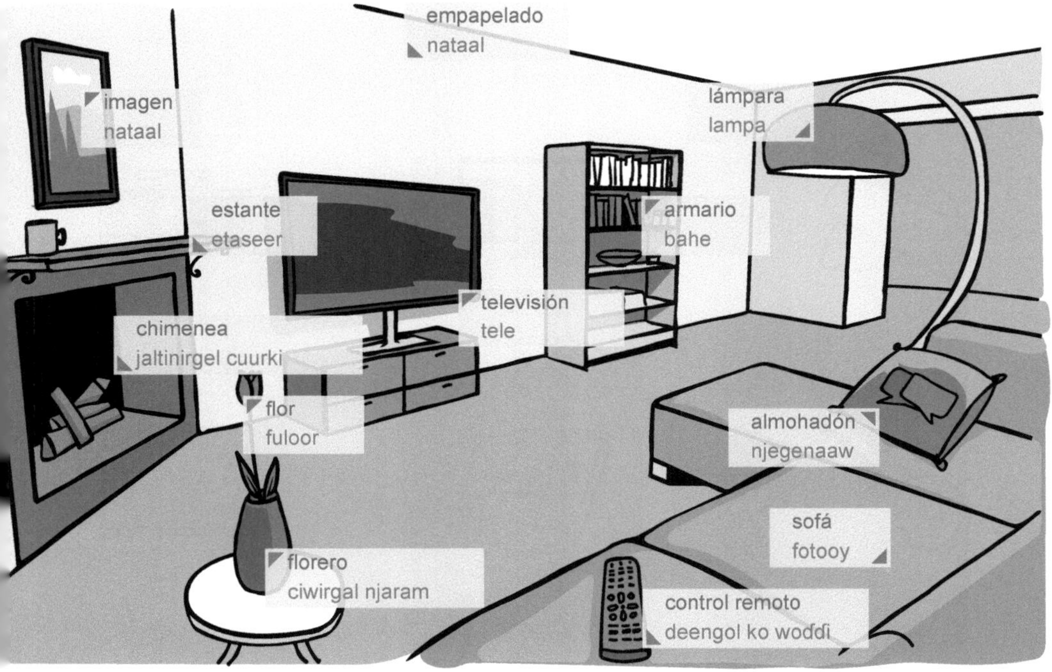

empapelado
nataal

imagen
nataal

lámpara
lampa

estante
etaseer

armario
bahe

televisión
tele

chimenea
jaltinirgel cuurki

flor
fuloor

almohadón
njegenaaw

sofá
fotooy

florero
ciwirgal njaram

control remoto
deengol ko woɗɗi

alfombra

tappi

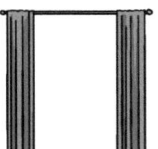

cortina

rido

mesa

taabal

silla

jooɗorgal

mecedora

jooɗorgal timmungal

sillón

jooɗorgal tuggateengal

libro

deftere

frazada

cuddirgal

decoración

jooɗnugol

leña

ledɗe kubɓateeɗe

película

filmo

equipo de música

materiyel hi-fi

llave

coktirgal

diario

kaayit kabaruuji

pintura

pentirgol

póster

posteer

radio

rajo

cuaderno

teskorgel

aspiradora

ɓoɗowel pusiyeer

cactus

kaktis

vela

sondel

cocina
waañ

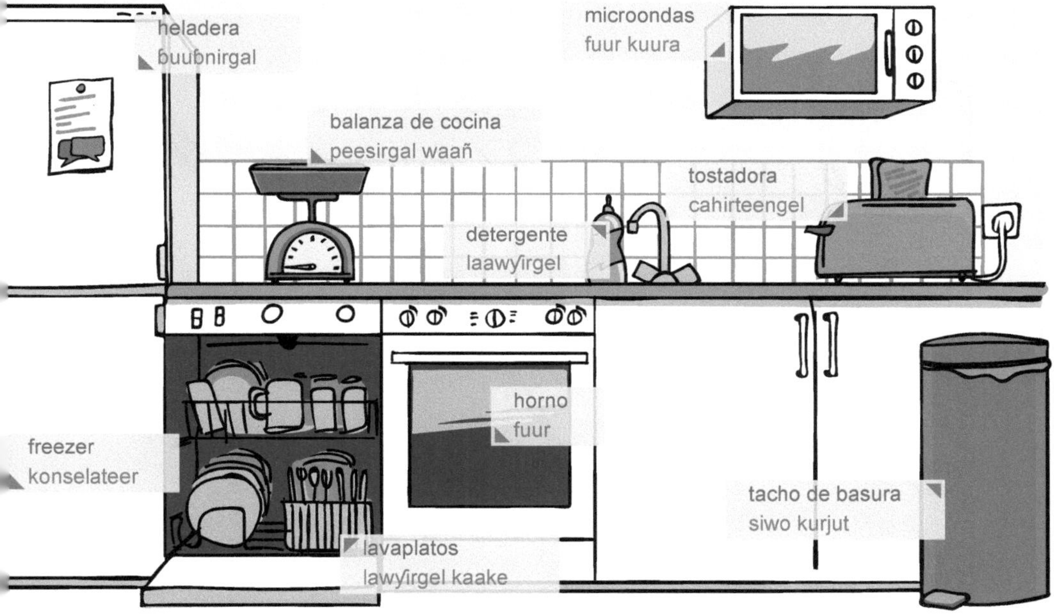
heladera
ɓuuɓnirgal
microondas
fuur kuura
balanza de cocina
peesirgal waañ
tostadora
cahirteengel
detergente
laawƴirgel
horno
fuur
freezer
konselateer
tacho de basura
siwo kurjut
lavaplatos
lawƴirgel kaake

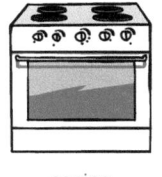

cocina

fuurno

olla

pot

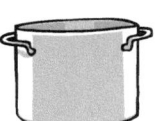

olla de hierro fundido

barme

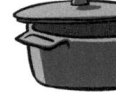

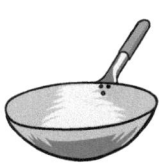

wok

kasorol

sartén

kasorol

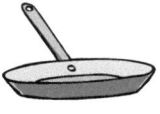

pava

satalla

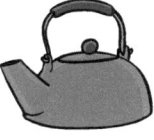

vaporera

suppere defirteende

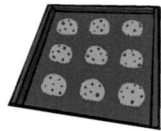

bandeja de horno

pool defirteeɗo

vajilla

lawŷugol kaake

taza

pot jarduɗo

bol

suppeere

palitos

ñibirgon ñaamdu

cucharón

kuddu luus

estpátula

kayit ɗakirteeɗo

batidora

iirtude

colador

ceɗirgel

colador

tame

rallador

keefirgel

mortero

moññirgal

parrilla

juɗgol

fogata

jeyngol e henndu

tabla de picar

coppirgal

palo de amasar

degnirgel ñaamdu
feewnateendu

sacacorchos

udditirgel butel

lata

buwaat

abrelatas

udditirgel buwat

manopla

nangirgel pot

pileta

siimtude

cepillo

boros

esponja

eppoos

batidora

jiibirgel

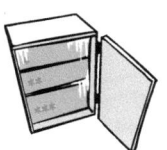

congelador

battowel galaas

mamadera

jardugel tiggu

canilla

robine

baño

tarodde

calefacción
gulnirgel suudo
toalla
momtirgel
ducha
lootogol
cortina de ducha
birnirgel lootorgal
baño de espuma
lootogol e ngufu
bañadera
ngaska ɓuftorteengo
vaso
weer
lavarropas
masinŋ lootnoowo
canilla
robine
baldosas
kette senge
pelela
potsamburu
pileta
siimtude

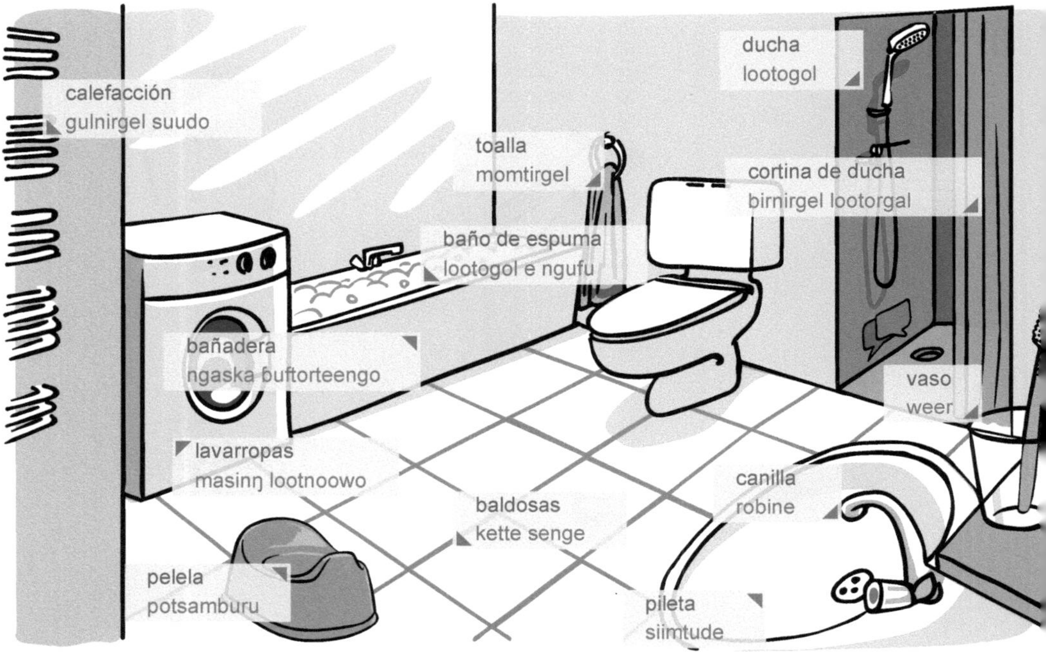

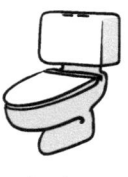

inodoro

taarorde

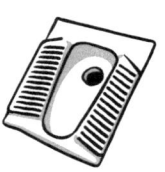

letrina

joɗorgal kuwirteengal

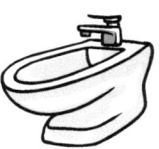

bidé

biisirgel ndiyam

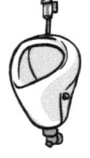

mingitorio

taarodde

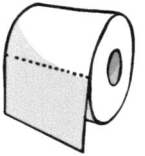

papel higiénico

kaayit momtirɗo

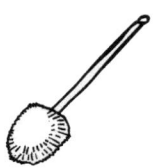

cepillo para el inodoro

boros taarorde

cepillo de dientes

coccorgal ƴiiye

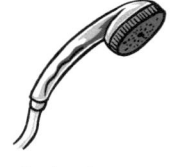

dentífrico

sabunde ƴiiye

hilo dental

gaarowol ñiire

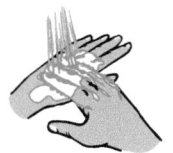

lavar

lawƴude

ducha de mano

ɓoggol lootirteengol

ducha higiénica

ɓuftogol

palangana

loowirteengel

cepillo para espalda

demirgel huɗo

jabón

sabunnde

gel de ducha

saabunde ɓuftorteende

shampoo

sampoye

toallita

limsere wiro

desagüe

ciiygol

crema

kerem

desodorante

uurnirgel

espejo

daandorgal

espejito

daandorgal pamoral

maquinita de afeitar

pembirgel

espuma de afeitar

ngufu pembol

aftershave

moomiteengel pembol

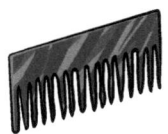

peine

yeesoode

cepillo

boros

secador de pelo

joornirgel sukunndu

spray

peewnirgel sukunndu

maquillaje

makiyaas

lápiz de labios

joodîrgel toni

esmalte para uñas

momtirgel cegeneeji

algodón

garowol wiro

tijera para uñas

siso cegeneeji

perfume

parfon

portacosméticos

waxande lootorgal

banqueta

kuudi

balanza

peesirgal

bata

wutte cuftorteeɗo

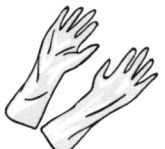

guantes de goma

gaŋuuji dalli

tampón

momtirer ƴiiƴam ella

toallita femenina

kuus tiggu

baño químico

lootogol simik

cuarto de los chicos
suudu sakaaɓe

despertador
pindinirgel
peluche
kullel fijirde
coche de juguete
oto pijirgel
sonajero
dillere
casa de muñecas
galle pijirgel
regalo
hannde

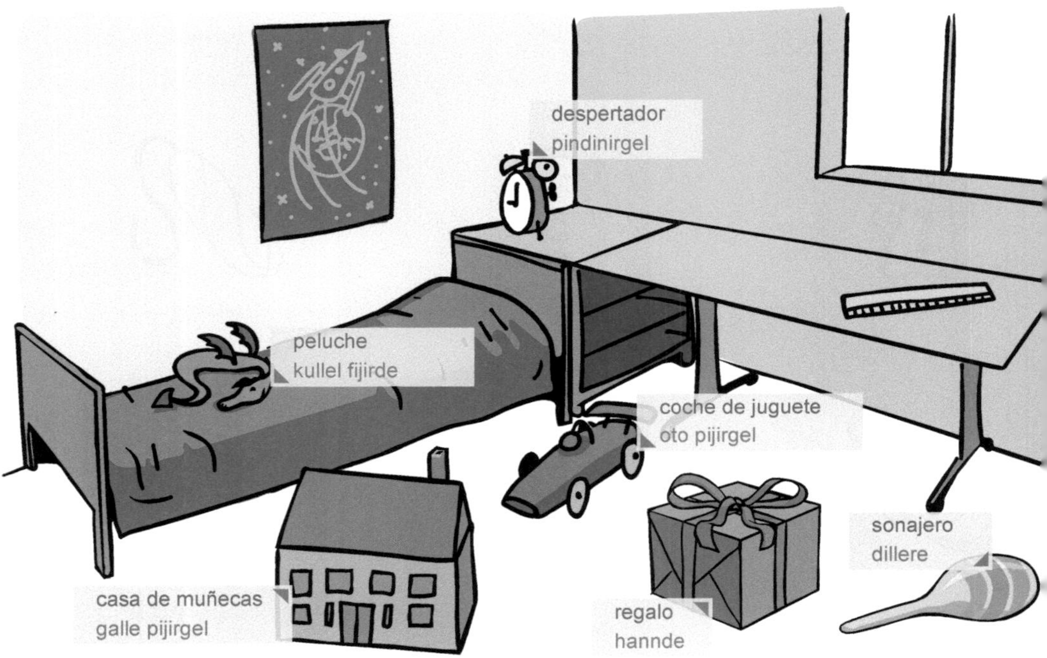

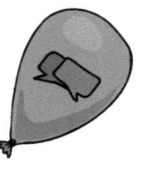

globo

sumalle dalli

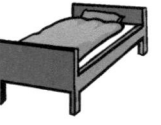

cama

leeso

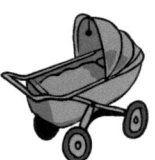

cochecito

duñirgel tiggu

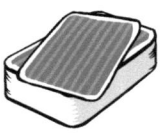

cartas

nokkere karte

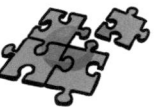

rompecabezas

fijirde lombondirgol

SUPER
MEGA

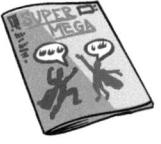

historieta

njalniika

piezas de lego
pijirgel tuufeeje

ladrillos de juguete
tuufeeje

figura de acción
pijirgel

enterito (de bebé)
comcol tiggu

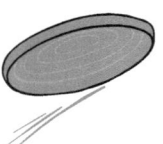

frisbee
palaat diwwoow

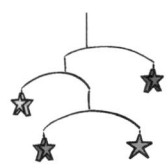

móvil para bebés
noddirgel

juego de mesa
pijirgel

dados
dee

tren eléctrico
ñemtinirgel laana ndegoowa

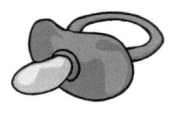

chupete
neddo fuuunti

fiesta
fijirde

libro de cuentos ilustrado

deftere nate

pelota
bal

muñeca
puppe

jugar
fijde

arenero

mbalka ceenal

hamaca

beeltirgal

juguetes

pijirgel

consola de videojuegos

pijiteengel see widewo

triciclo

welo biifi tati

osito de peluche

pijirgel kullel urs

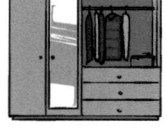

armario

armuwaar

ropa
comcol

medias

kawase

medias panty

kawase

calzas

tuubayon bittukon

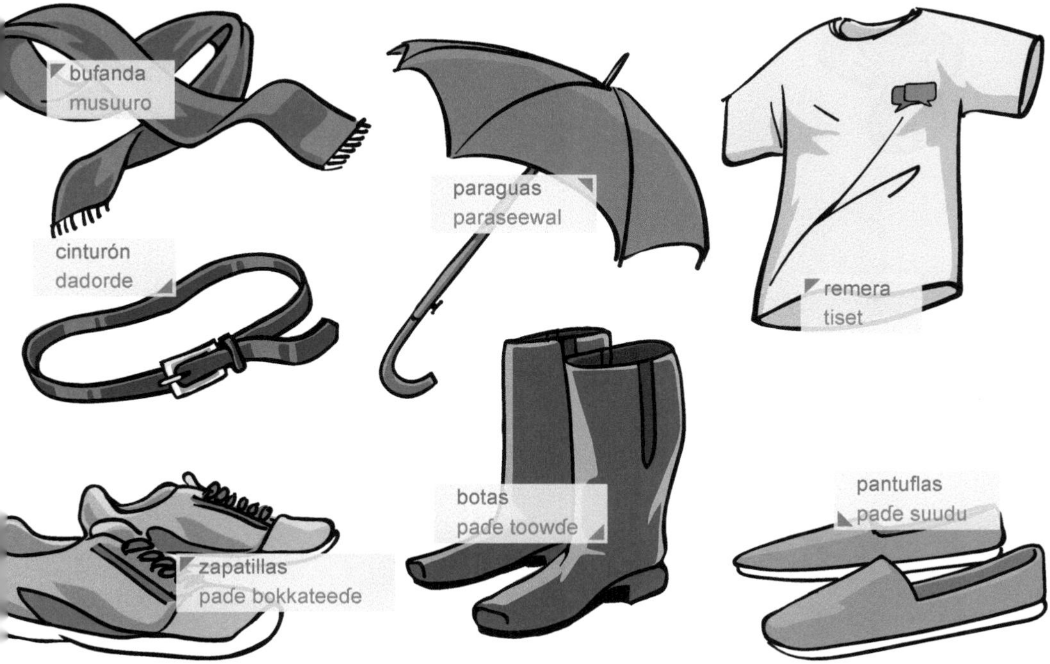

bufanda
musuuro

cinturón
dadorde

paraguas
paraseewal

remera
tiset

botas
pađe toowđe

pantuflas
pađe suudu

zapatillas
pađe bokkateeđe

sandalias
············
pađe diwa

zapatos
············
pađe

botas de goma
············
pađđe toowđe lirotoođe

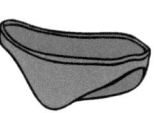

ropa interior
············
cakkirđi

corpiño
············
sucengors

chaleco
············
silet

body

banndu

pantalones

tuuba

jeans

jiin

pollera

robbo

blusa

buluson

camisa

simis

pulóver

piliweer

buzo

weste nebbu

blazer

layset

campera

jaget

tapado

weste juuɗɗo

piloto

wutte toɓo

traje

kostim

vestido

robbo

vestido de novia

robbo yange

traje

weste

camisón

wutte baaludo

pijama

pijama

sari

sari

pañuelo para cabeza

muusooro

turbante

kaala

burka

kaala

caftán

sabndoor

abaya

abbaay

traje de baño

comcol lumbirogol

short de baño

cakkirdi

shorts

kilot

jogging

joogin

delantal

limsere deffowo

guantes

gaɲuuji

botón

boɗɗirgel

anteojos

lone

pulsera

jawo

collar

cakka

anillo

feggere

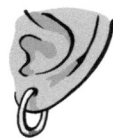

aro

hootonde

gorra

laafa

percha

liggirgal weste

sombrero

laafa

corbata

karawat

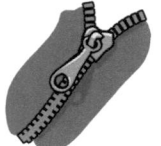

cierre

zip

casco

laafa ndeenka

tiradores

ganŋ

uniforme escolar

comcol duɗal

uniforme

iniform

babero

sarbetel daande

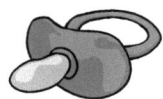

chupete

neɗɗo fuuunti

pañal

kuus

oficina
gollirgal

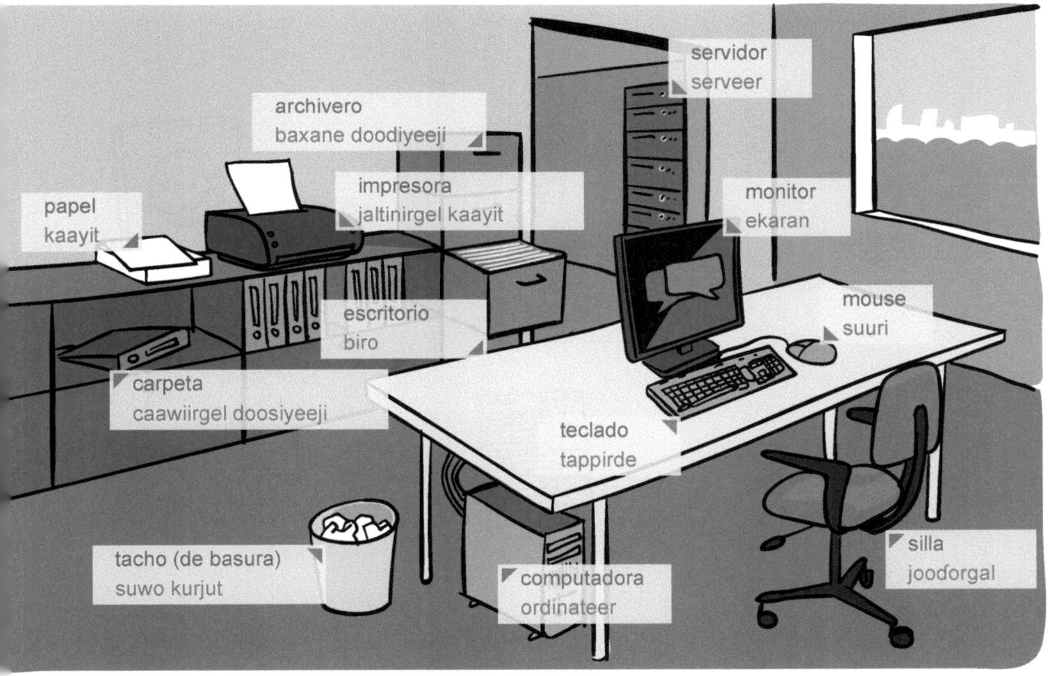

servidor
serveer

archivero
baxane doodiyeeji

impresora
jaltinirgel kaayit

monitor
ekaran

papel
kaayit

mouse
suuri

escritorio
biro

carpeta
caawiirgel doosiyeeji

teclado
tappirde

tacho (de basura)
suwo kurjut

silla
jooɗorgal

computadora
ordinateer

taza de café

kuppu kafe

calculadora

qiimorgal

internet

enternet

laptop

ordinateer beelnateeɗo

carta

ɓataake

mensaje

ɓataake

celular

noddirgel

red

reso

fotocopiadora

cottitirgel

software

losisiyel

teléfono

noddirgel

tomacorriente

ceŋirgel ɓoggol kuura

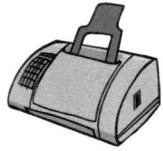

fax

masinŋ faks

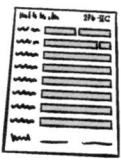

formulario

mbaadi

documento

dokiman

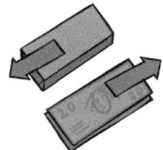

comprar

soodde

pagar

sooɗde

hacer negocios

yeyde

dinero

kaalis

dólar

dolaar

euro

eroo

yen

yen

rublo

ruubal

franco suizo

faran Siwis

yuan

yuwaan renminbi

rupia

rupii

cajero automático

masinŋ keestorɗo kaalis

casa de cambio

nokku beccugol e neldugol

oro

kanŋe

plata

kaalis

petróleo

esaans

energía

sembe

precio

coggu

contrato

kontara

impuesto

taks

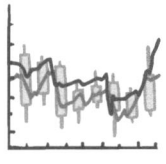

acción

marsandiss moftaaɗo

trabajar

gollude

empleado

gollinteeɗo

empleador

gollinoowo

fábrica

isin

negocio

bitik

bombero
ñifooɓe jeyle

policía
dadiiɗo

cocinero
defoowo

médico
cafroowo

piloto
pilot

jardinero

toppitiiɗo sardin

carpintero

minise

modista

ñootoowo

juez

ñaawoowo

farmacéutico

simist e ɗemngal farayse

actor

aktoor

colectivero

dognoowo biis

taxista

dognoowo taksi

pescador

gawoowo

mucama

pittoowo

techista

cengirɗe huɓeere

mozo

carwoowo

cazador

daddoowo

pintor

pentiroowo

panadero

piyoowo mburu

electricista

gollowo kuura

albañil

mahoowo

ingeniero

enseñeer

carnicero

jeyoowo teew keso

plomero

polombiyer

cartero

nawoowo ɓatakuuji

soldado

kooninke

arquitecto

diidoowo ɓahanteeri

cajero

kestotooɗo

florista

jeyoowo fuloraaji

peluquero

mooroowo

cobrador

dognoowo

mecánico

mekanisiyenŋ

capitán

kapiteen

dentista

cafroowo ƴiiƴe

científico

miijotooɗo

rabino

kellifaaɗo diine to israayel

imán

imaam

monje

muwaan e e ɗemngal
farayse

sacerdote

kellifaaɗo diine heerereeɓe

herramientas
kuutorɗe

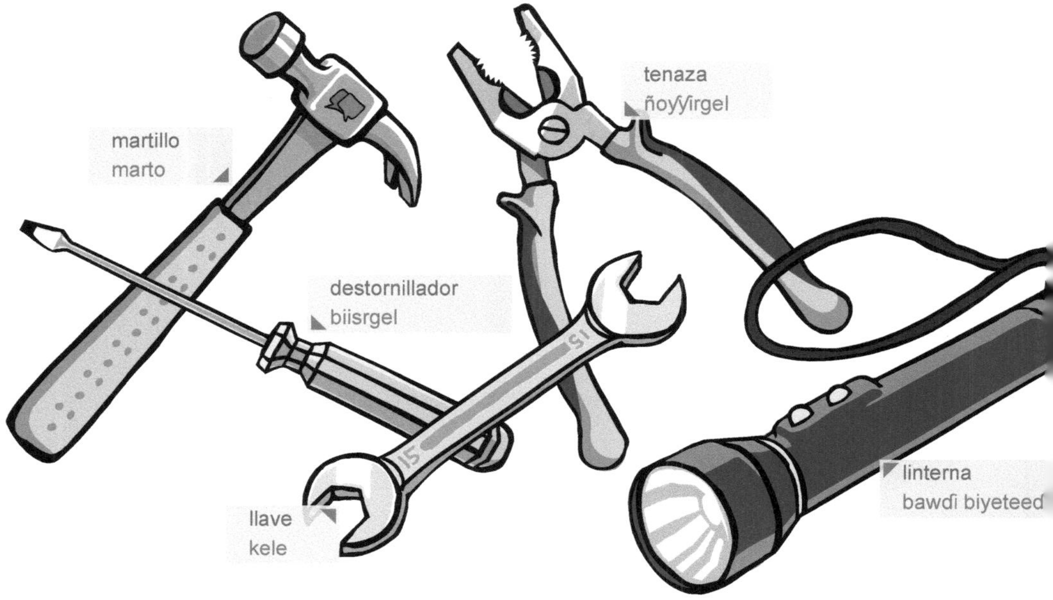
tenaza
ñoyƴirgel
martillo
marto
destornillador
biisrgel
llave
kele
linterna
bawɗi biyeteed

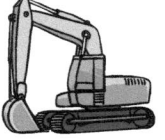

excavadora

pikku

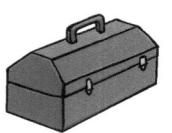

caja de herramientas

baxanel kaɓorɗe

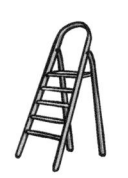

escalera portátil

ŋabbirgal

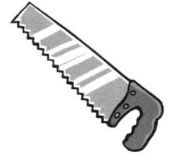

sierra

taƴirgal

clavos

ƴibirɗe

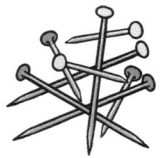

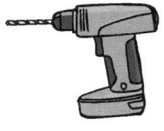

taladro

julirgal

arreglar

fewnitde

pala de jardín

nokkirgel

¡Qué bronca!

Soo!

pala de plástico

boftirgel kurjut

tacho de pintura

pot penttiir

tornillos

wiisuuji

instrumentos musicales
kongirgon misik

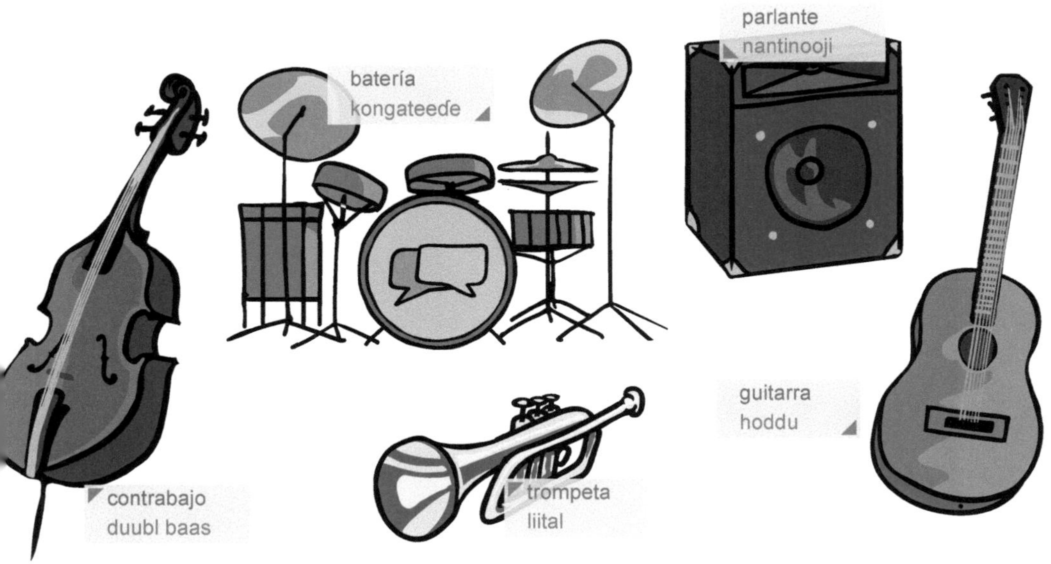

batería
kongateeɗe

parlante
nantinooji

contrabajo
duubl baas

trompeta
liital

guitarra
hoddu

piano

piayaano

violín

wiyolon

bajo

baas

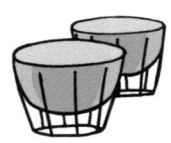

timbales

bowɗi biyeteeɗi timpani

tambor

bawɗi

teclado

tappirgal

saxofón

saksofoon

flauta

nguurdu

micrófono

mikoro

zoológico
nokku kullon

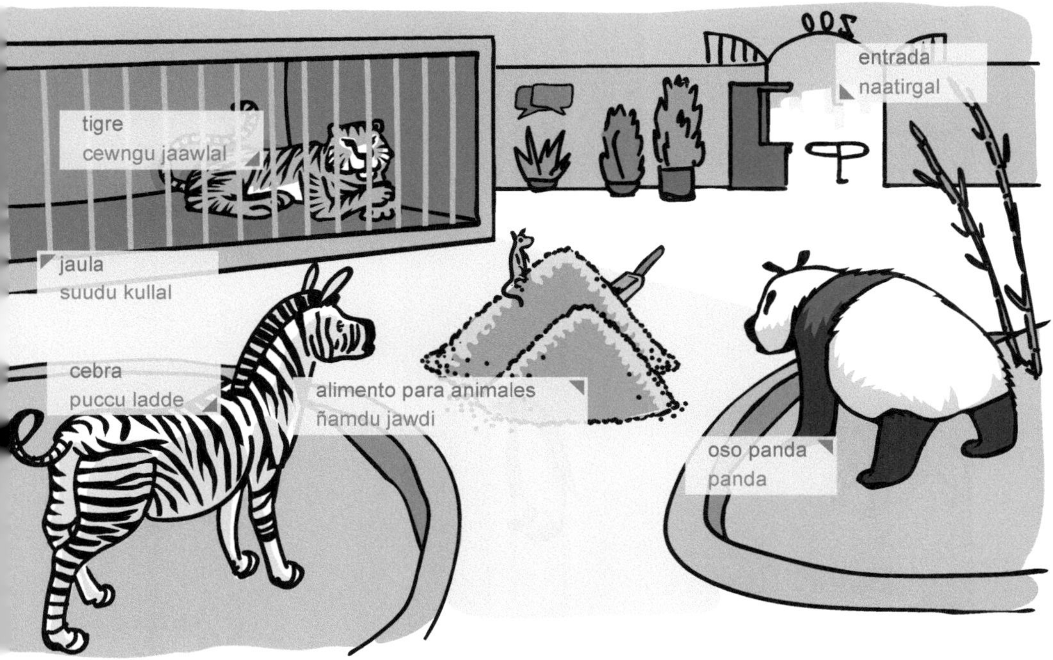

tigre
cewngu jaawlal
jaula
suudu kullal
cebra
puccu ladde
alimento para animales
ñamdu jawdi
entrada
naatirgal
oso panda
panda

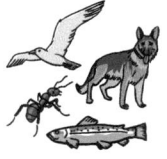

animales
kulle

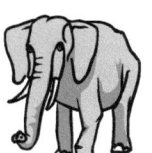

elefante
ñiiwa

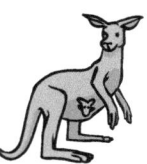

canguro
kanguru

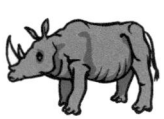

rinoceronte
rinoseros

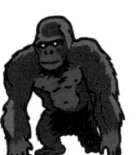

gorila
waandu mowndu

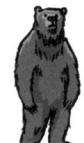

oso
urs

camello

ngelooba

avestruz

sundu burndu mownude

león

mbaroodi

mono

waandu

flamenco

ñaaral pural

loro

seku

oso polar

urso galaas

pingüino

liingu wiyeteendu penguwe

tiburón

lingu reke

pavo real

ndiwri wiyeteendu pawon

serpiente

laadoori

cocodrilo

nooro

cuidador del zoológico

deenoowo zoo

foca

togoori ndiyam wiyeteendu
fok e farayse

jaguar

cewngu

poni
molu

leopardo
cewngu

hipopótamo
ngabu

jirafa
njabala

águila
ciilal

jabalí
mbabba tugal

pescado
liingu

tortuga
heende

morsa
kullal biyeteengal morse

zorro
renaar

gacela
lella

fútbol americano
Fuggukoyngel Amerknaaɓe

ciclismo
dognugol welo

tenis
tenis

básquet
beysbol

natación
lumbagol

boxeo
boks

hockey sobre hielo
fuggukoyngel e galaas

fútbol

Fuggukoyngel

bádminton

badminton

atletismo

atelettuuji

handball

hanbol

esquí

fijirɗe deggol e nees

polo

polo

actividades

golle

saltar
diwde
abrazar
ɓuucaade
reír
jalde
caminar
yaade
cantar
yimde
soñar
hoyɗitaade
rezar
juulde
besar
ɓuucaade

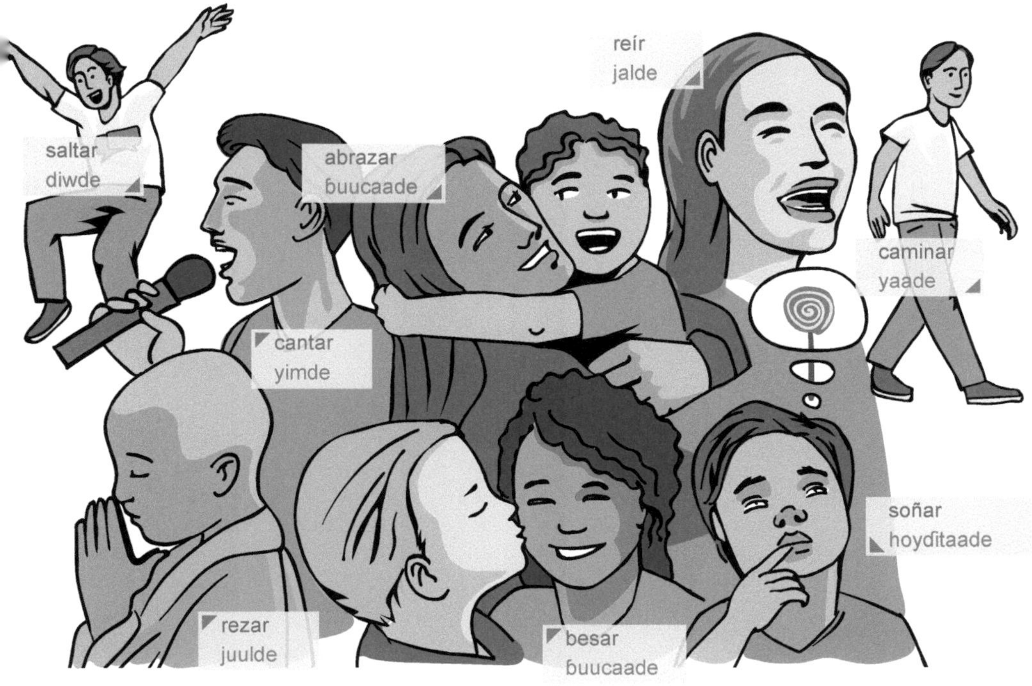

escribir

windude

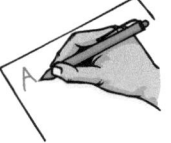

dibujar

siifde

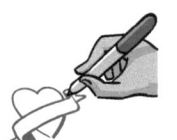

mostrar

hollude

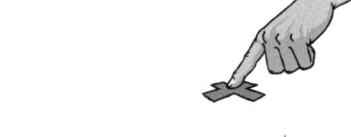

presionar

duñde

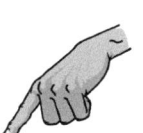

dar

rokkude

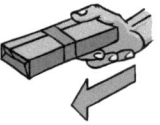

tomar

ƴettude

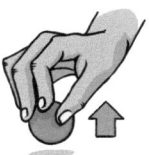

tener

deñde

hacer

waɖde

ser

wonde

estar parado

ummaade

correr

dogde

tirar

fooɖde

tirar

weddaade

caer

yande

estar acostado

fende

esperar

sabbaade

llevar

roondaade

estar sentado

jooɖaade

vestirse

boornaade

dormir

ɗaanaade

despertar

finde

mirar

ẏeewde

llorar

woyde

acariciar

helde

peinar

yeesaade

hablar

haalde

entender

faamde

preguntar

naamnaade

escuchar

heɗaade

beber

yarde

comer

ñaamde

ordenar

hawrinde

amar

yiɗde

cocinar

defde

manejar

dognude

volar

diwde

navegar

awyũde

calcular

qimaade

leer

jangude

aprender

jangude

trabajar

gollude

casarse

resde

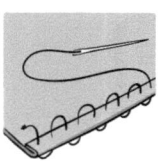

coser

ñootde

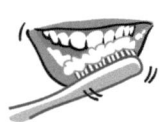

cepillarse los dientes

soccaade ỹiiỹe

matar

warde

fumar

simmaade

enviar

neldude

familia
ɓesngu

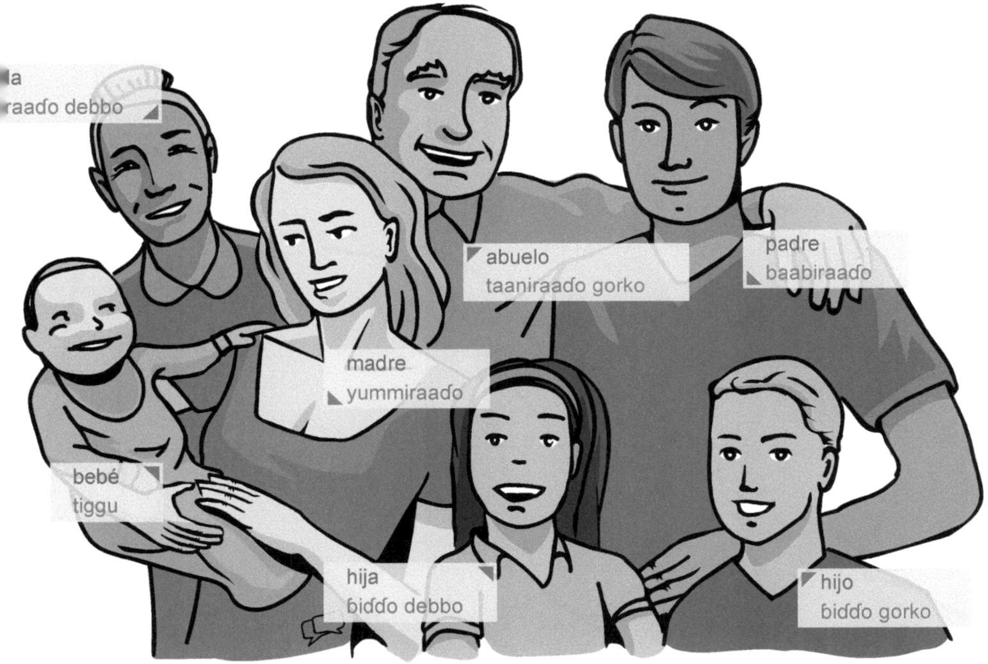

la
raaɗo debbo
abuelo
taaniraaɗo gorko
padre
baabiraaɗo
madre
yummiraaɗo
bebé
tiggu
hija
ɓiɗɗo debbo
hijo
ɓiɗɗo gorko

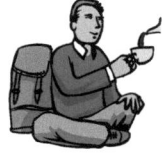

invitado

koɗo

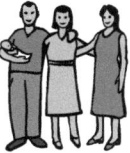

tía

goggiraaɗo

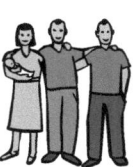

tío

kaawiraaɗo

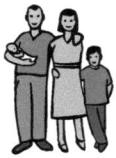

hermano

mowniraaɗo gorko

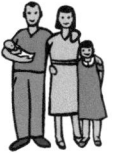

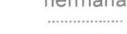

hermana

mowniraaɗo debbo

cuerpo

ɓandu

frente
tiinde
ojo
yiitere
hombro
walabo
dedo
feɗendu
cara
yeeso
pera
waare
mano
jungo
pierna
koyngal
pecho
endu
brazo
jungo

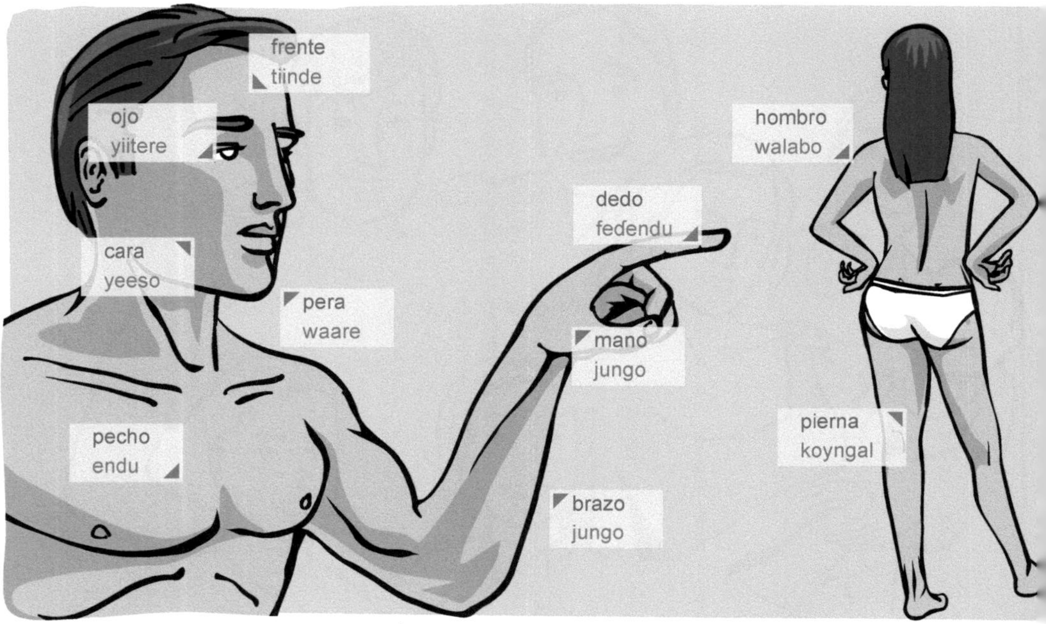

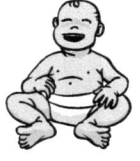

bebé

tiggu

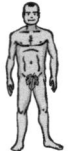

hombre

gorko

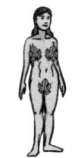

mujer

debbo

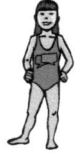

nena

deftere kongoli

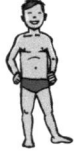

nene

suka gorko

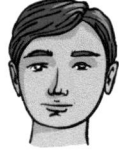

cabeza

hoore

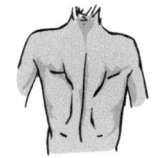

espalda

keeci

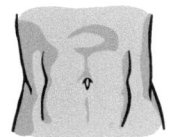

panza

reedu

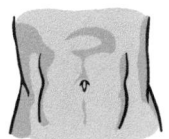

ombligo

wuddu

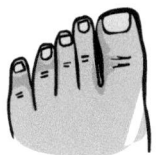

dedo del pie

feɗendu koyngal

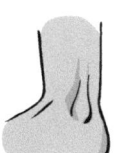

talón

jabborgal

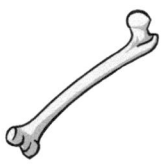

hueso

ƴiyal

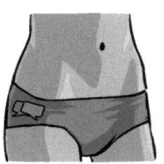

cadera

rotere

rodilla

hofru

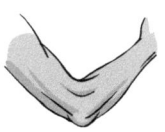

codo

salndu junngu

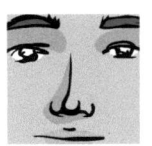

nariz

hinere

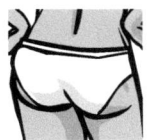

cola

dote

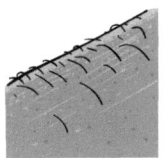

piel

nguru

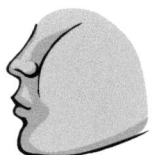

cachete

abbulo

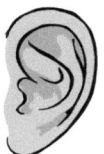

oreja

nofru

labio

tonndu

boca

hunuko

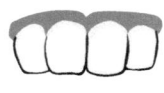

diente

ñiire

lengua

demngal

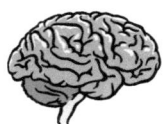

cerebro

ngaandi

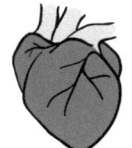

corazón

bernde

músculo

ƴiƴal

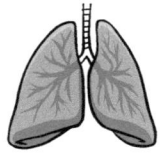

pulmón

wecco

hígado

heeñere

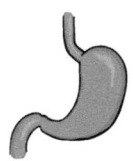

estómago

estoma

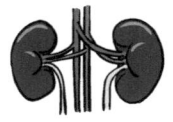

riñones

tekteki mawni

sexo

terde

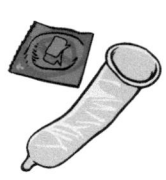

preservativo

laafa ndeenka

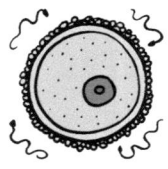

óvulo

boccoonde maniya

semen

maniya

embarazo

reedu

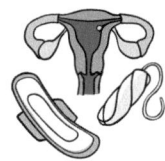

menstruación

ƴiiƴam ella

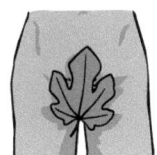

vagina

farja

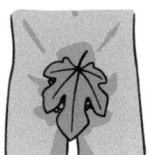

pene

kaake

ceja

leeɓi dow yiitere

pelo

sukunndu

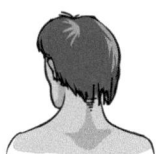

cuello

daande

hospital
suudu safirdu

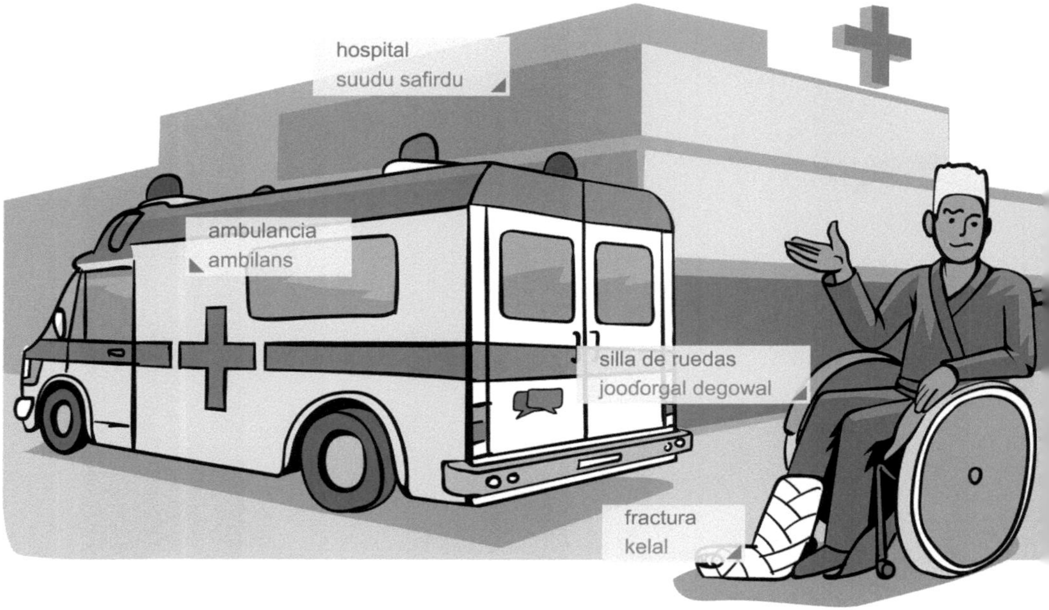

hospital
suudu safirdu
ambulancia
ambilans
silla de ruedas
jooɗorgal degowal
fractura
kelal

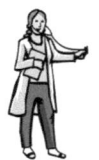

médico

cafroowo

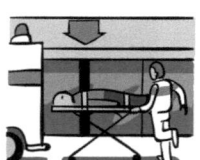

sala de guardia

suudo irsaans

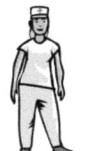

enfermera

cafroowo

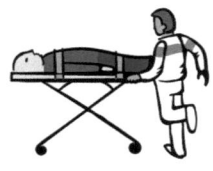

emergencia

irsaans

inconsciente

paɗɗiiɗo

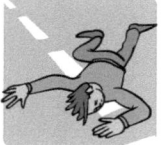

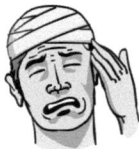

dolor

muuseeki

lesión

gaañande

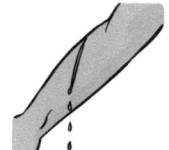

hemorragia

tuyƴude

infarto

ɓernde dartiinde

ACV

darogol ɓernde

alergia

alersi

tos

ɗojjugol

fiebre

nguleeki ɓandu

gripe

maɓɓo

diarrea

reedu dogooru

dolor de cabeza

muuseeki hoore

cáncer

kanser

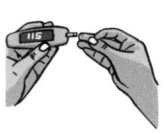

diabetes

jabet

cirujano

operasiyon

bisturí

ceekirgel

operación

operasiyon

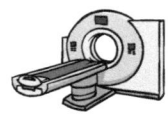

TC

CT

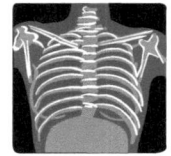

rayos x

reyon-x

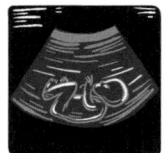

ecografía

iltarason

barbijo

mask yeeso

enfermedad

ñaw

sala de espera

suudu sabbordu

muleta

sawru tuggorgal

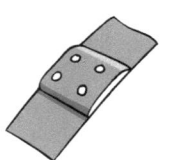

curita

palatar

venda

bandaas

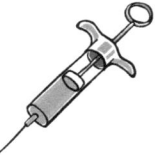

inyección

pikkitagol

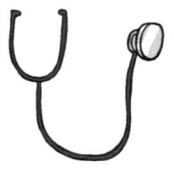

estetoscopio

keɗirgel dille ɓandu

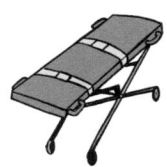

camilla

balankaaru

termómetro

betirgel nguleeki banndu

nacimiento

jibinegol

sobrepeso

ɓandu ɓurtundu

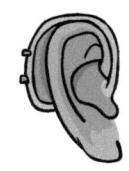

audífono

ɓallotirgel nonooje

desinfectante

desefektan

infección

infeksiyon

virus

viris

VIH / SIDA

HIV / SIDA

remedio

safaara

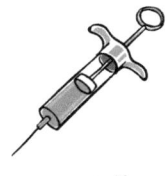

vacunación

ñakko

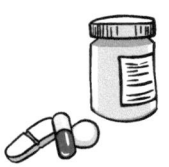

comprimidos

tabletuuji

pastilla anticonceptiva

foɗɗere

llamada de emergencia

noddaango heñoraango

tensiómetro

betirgel dogdu ƴiiƴam

enfermo / sano

sellaani / salli

¡Ayuda!

Paaboɗe!

alarma

tintinirgel

agresión

jangol

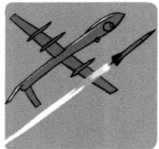

ataque

yande e

peligro

musiiba

salida de emergencia

damal dandirgal

¡Fuego!

Paaboɗe!

matafuego

ñifirgel jeynge

accidente

aksida

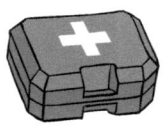

botiquín de primeros auxilios

geɗe cafrorɗe gadane

SOS

BALLAL

policía

Polis

Europa

Erop

América del Norte

Amerik to Rewo

América del Sur

Amerik to Worgo

África

Afiriki

Asia

Asi

Australia

Ostarali

Atlántico

Atalantik

Pacífico

Pasifik

Océano Índico

Oseyan Enje

Océano Antártico

Oseyan Antarktik

Océano Ártico

Osean Arkatik

polo norte

Bange Rewo

polo sur

Bange Worgo

Antártida

Antarktik

Tierra

Leydi

tierra

leydi

mar

maayo mawngo

isla

wuro nder ndiyam

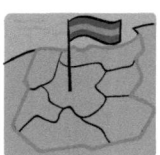

nación

leydi

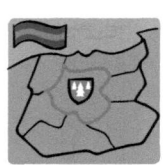

estado

jamaanu

esfera

yeeso montoor

manecilla de las horas

misalel waqtu

minutero

misalel hojomaaji

segundero

misalel majanɗe

¿Qué hora es?

Hol waqtu jonɗo?

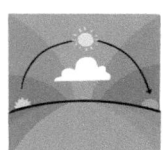

día

ñalawma

hora

saha

ahora

jooni

reloj digital

montoor disitaal

minuto

hojom

hora

waqtu

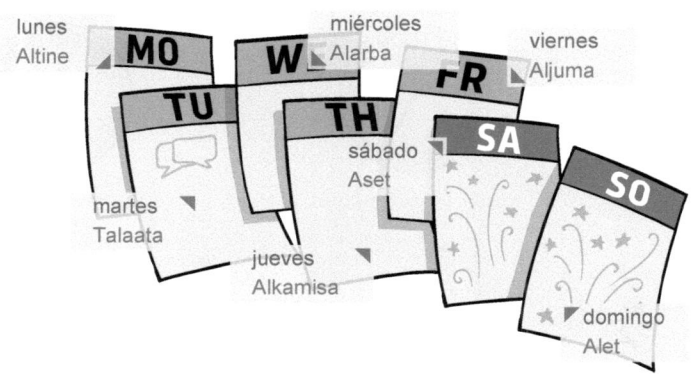

lunes
Altine

miércoles
Alarba

viernes
Aljuma

sábado
Aset

martes
Talaata

jueves
Alkamisa

domingo
Alet

ayer

hanki

hoy

hande

mañana

jango

mañana

subaka

mediodía

beetawe

tarde

kikiiɗe

días hábiles

ñalawmaaji golle

fin de semana

ñalamaaji fooftere

año
hitaande

lluvia
toɓo
arco iris
timtimol
nieve
nees
viento
hendu
primavera
caggal dabbunde
otoño
dabbunde
verano
ndungu
invierno
dabbunde

4.APRIL 11°
5.APRIL 4°
6.APRIL 13°
7.APRIL 8°
8.APRIL 10°

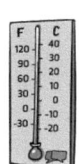

ronóstico meteorológico

kabrugol geɗe weeyo

F C
120 40
90 30
60 20
30 10
0 0
-30 -10
-20

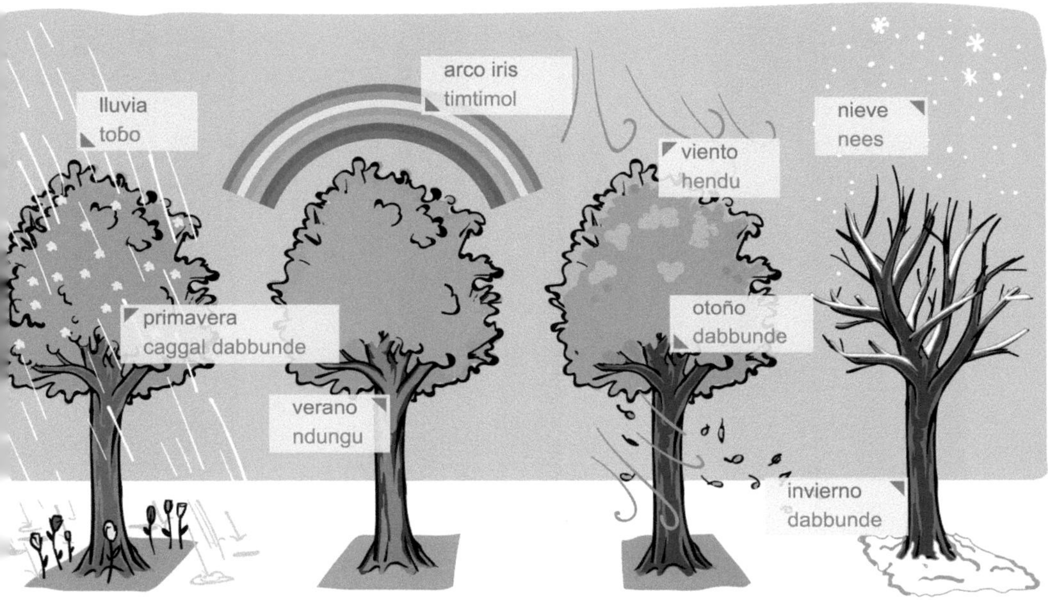

termómetro

ɓetirgal nguleeki

luz del sol

nguleeki naange

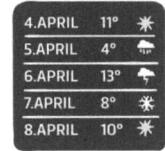

nube

duulal

niebla

nibɓere niwri

humedad

ɓuuɓol

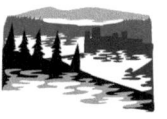

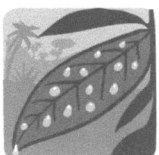

rayo

majaango

trueno

gidango

tormenta

hendu yaduungo e gidaali

granizo

toɓo mawngo

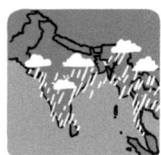

monzón

keneeli mawɗi

inundación

toɓo yooloongo

hielo

galaas

enero

Janwiye

febrero

Feeviriye

marzo

Mars

abril

Awril

mayo

Me

junio

Suwe

julio

Suliye

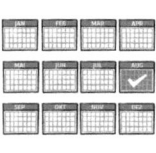

agosto

Ut

año - hitaande

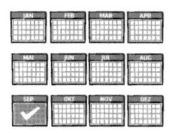

septiembre

Setanbar

octubre

Oktobar

noviembre

Noowambar

diciembre

Desambar

formas
Mbaadi

círculo

taariɗum

cuadrado

bangeeji potɗi

rectángulo

rektangal

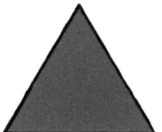

triángulo

tiriyangal

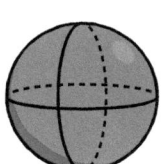

esfera

esfeer

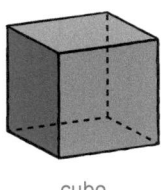

cubo

kib

blanco

deneejo

amarillo

puro

naranja

oraas

rosa

roos

rojo

boɗeejo

violeta

yolet

azul

bulaajo

verde

werte

marrón

baka

gris

giri

negro

ɓaleejo

mucho / poco

heewi / famɗi

enojado / tranquilo

mittinɗo / deeyɗo

lindo / feo

yooɗi / soofi

principio / fin

fuɗɗorde / gasirde

grande / chico

mawni / famɗi

claro / oscuro

leeri / ɗibbiɗi

hermano / hermana

awniraaɗo gorko / debbo

limpio / sucio

laaɓi / tulmi

completo / incompleto

timmi / manki

día / noche

ñalawma / jamma

muerto / vivo

mayi / wuuri

ancho / angosto

yaaji / ɓitti

comestible / no comestible

ñaame / ñaametaake

malo / amable

bonɗum / moyɣi

entusiasmado / aburrido

weelti / deeyi

gordo / flaco

butto / cewɗo

primero / último

gadiiɗo / cakkitiiɗo

amigo / enemigo

sehil / gaño

lleno / vacío

heewi / boldi

duro / blando

tiiɗi / hoyi

pesado / liviano

teddi / hoyi

hambre / sed

heege / ɗomka

enfermo / sano

sellaani / salli

ilegal / legal

dagaaki / dagi

inteligente / estúpido

ɣoyɣi / ɣiɣaani

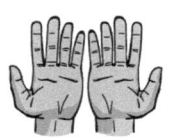

izquierda / derecha

ñaamo / nano

cerca / lejos

badi / woɗɗi

nuevo / usado

keso / kiiɗɗo

nada / algo

haydara / huunde

viejo / joven

nayeeji / suka

encendido / apagado

ne heen / ala heen

abierto / cerrado

udditi / uddi

silencioso / ruidoso

deeyi / dilla

rico / pobre

galo / baasɗo

correcto / incorrecto

feewi / feewaani

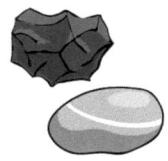

áspero / suave

tekki / ɗaati

triste / contento

suni / weelti

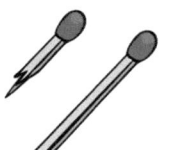

corto / largo

daɓɓo / jutɗo

lento / rápido

leeli / yaawi

mojado / seco

leppi / yoori

caliente / frío

wuli / ɓuuɓi

guerra / paz

hare / jam

opuestos - ceertuɗe

0

cero

meere

1

uno

goo

2

dos

ɗiɗi

3

tres

tati

4

cuatro

nay

5

cinco

joy

6

seis

jeegom

7

siete

seeɗiɗi

8

ocho

jeetati

9

nueve

jeenay

10

diez

sappo

11

once

sappo e goo

12

doce

sappo e ɗiɗi

13

trece

sppo e tati

14

catorce

sappo e nay

15

quince

sappo e joy

16

dieciséis

sappo e jeegom

17

diecisiete

sappo e jeeɗiɗi

18

dieciocho

sappo e jeetati

19

diecinueve

sappo e jeenay

20

veinte

noogas

100

cien

teemedere

1.000

mil

ujunere

1.000.000

millón

miliyonŋ

números - limorɗe

inglés

Angale

inglés americano

Angale Amerik

chino mandarín

Mandare Siin

hindi

Indo

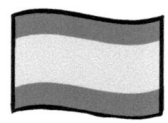

español

Español

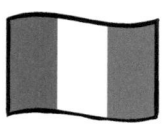

francés

Farayse

árabe

Arab

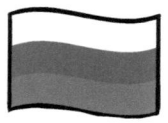

ruso

Riis

portugués

Portige

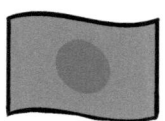

bengalí

Bengali

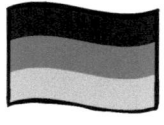

alemán

Alma

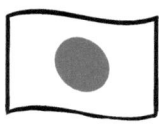

japonés

Sappone

yo

miin

vos

ann

él / ella

kanŋko / kanŋko / kañum

nosotros

minen

ustedes

onon

ellos

kamɓe

¿quién?

holi oon?

¿qué?

hol đum?

¿cómo?

hol no?

¿dónde?

hol toon?

¿cuándo?

mande?

nombre

innde

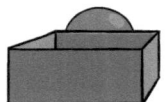

detrás

caggal

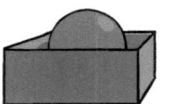

en

nder

adelante de

yeeso

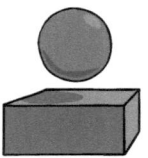

por encima de

hedde

sobre

dow

debajo de

les

al lado de

sara

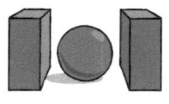

entre

hakkunde

lugar

nokku